AF272498

Haydar Karaldi

WORTaholic

Gedichte

poeme_edition:kieber

Bibliografische Information der Deutschen
Nationalbibliothek:
Die Deutsche Nationalbibliothek verzeichnet diese
Publikation in der Deutschen Nationalbibliografie;
detaillierte bibliografische Daten sind im Internet über
http://dnb.dnb.de abrufbar.

Alle Texte geschrieben + aufgezeichnet von
Haydar Karaldi

Produziert, konzipiert + editiert von Ben Kretlow
für © 2022 EDITION KIEBER

Bildmaterial: Coverfotografie + Autorenfoto
© Haydar Karaldi
Covergestaltung & Bildbearbeitung: Ben Kretlow

Kontakt: heydohekkare@hotmail.de
Instagram: @haydar.karaldi / @leben_62

Herstellung und Verlag: BoD – Books on Demand,
Norderstedt

ISBN: 978-3-7568-4453-1

VOR:WORT

Schriftstellern kann es mit dem zweiten Buch durchaus genauso gehen, wie es Musiker erfahren mit ihrem zweiten Album: Knüpf ich daran an, womit ich in meinem ersten Werk begonnen habe, oder entscheide ich mich für einen nächsten Schritt – oder gar: Schnitt – und schaue, wohin mich meine Inspirationen fern bisher Gesagtem führen? Und wofür steht meine Wortkunst *jetzt*, nachdem einiges an Zeit vergangen ist seit den ersten Stücken gedruckt zwischen zwei Buchdeckeln? Es ist eine Reise, die nur selbst kreativ arbeitende Künstler exakt nachzeichnen können, und die es für die LeserInnen spannend machen kann, während sie in das fertige Ergebnis des Künstlers eintauchen und sich davon mitreißen lassen. Alles fließt: jede Zeile ist wie eine Welle, die uns weiter und weiter trägt.

Der vielfältige Künstler Haydar Karaldi legt hier mit "WORTaholic" seinen zweiten Gedichtband – nach seinem Lyrikdebüt "Krieg und die Liebe" aus dem

Jahr 2020 – vor, und was seinen LeserInnen darin begegnet, ist eine Erweiterung seines schriftstellerischen Spektrums in vielerlei Hinsicht:

Entstanden zwischen Dezember 2020 und September 2022, sprechen die hierin enthaltenen Stücke aus dem Alltag des Lyrikers, aus den Träumen und Zweifeln eines Mannes, dergenau weiß, wohin er gehört, der aber zugleich auch den Wünschen und Sehnsüchten seiner inneren Stimme folgen möchte. Wir tauchen ein in Szenarien, die uns selber vertraut vorkommen; wir begleiten den Autor an unterschiedliche Orte, die in ihm etwas bewegt haben, sodass er sie auf Papier verewigen *musste*; ja, wir hören ihm unbemerkt zu bei seinen leisen Gesprächen mit sich selbst.

Gedichte, finde ich, sind die ehrlichste Form der Literatur. Die präziseste Art, einen Moment, einen Augenblick, der alles sein und das Tiefste bedeuten kann, für immer festzuhalten. Und diese Liebe, diese Sicht auf diese Kunstform teile ich mit Haydar Karaldi, der mir Anfang des Jahres das Vertrauen gab, "WORTaholic" produzieren zu dürfen, das nun in Ihren Händen liegt.

Ben Kretlow, deutscher Schriftsteller,
am 02. Oktober 2022

irgendwo
zwischen dem Hin und Her
landen meine Gedanken
irgendwie
auf einem weißen Blatt

auf den Schlaf verzichtend
den Mond beobachtend
den Sternen folgend
habe ich die Sonne begrüßt

auf das Frühstück verzichtend
die Bäume beobachtend
den Eichhörnchen folgend
hab ich den Wind begrüßt

auf die Politik verzichtend
die Menschen beobachtend
den Geschichten folgend
habe ich die Kinder begrüßt

nichts ist umsonst
denn ich bin ein WORTaholic

meine Füße haben einen gemütlichen
Platz auf dem Tisch gefunden
meine Augen folgen
einer Spinne, die auf ihre Beute wartet
mein Gaumen genießt den letzten Tropfen
des Weins
und meine Gedanken sind überfüllt mit dem Chaos
des Lebens
Mein Herz erträgt die Langeweile, wie so oft
ich warte auf Dich

zuerst sind meine Augen
bei Dir eingezogen
dann meine Gedanken
danach bist Du mit mir
Hand in Hand in meinen Träumen spazieren
gegangen
jetzt möchte mich mein Herz verlassen
und zu Dir wandern:
aber... hast Du gerade Platz, es aufzunehmen?

das Morgenrot sehend
stehe ich im Labyrinth
des Tages
wenn ich es schaffe, mein Herz aufzuwecken,
um dein Licht zu sehen,
würde ich später
während des Sonnenuntergangs mit Dir tanzen

aber warum verdammt nochmal
ist der Tag so lang,
wenn ich unterwegs zu Dir bin?

mit negativ aufgeladenem Herzen
wandere ich über die geträumten Wolken
und blicke aus der Weite
der Sehnsucht nach Dir
keine Kraft mehr, die Wehen
der Wörter zu beschleunigen
ich falle ---
komm und zeig mir Dein positiv erfülltes,
wahres Gesicht

jedes Mal schlägt ein anderes Wort
in meinem Gedächtnis Alarm
wenn sich meine Schatten treffen
und ich mich auf eine kurze Reise begebe,
ist es immer zu spät, darüber nachzudenken
und es anschließend aufs Papier zu bringen,
um sich später die Wortgeister in Erinnerung
zu rufen

ich weiß nur, ich werde mit den schönsten Wörtern
einen bunten Drachen bauen

ohne sich zu trennen, begaben sich unsere
                              Wünsche
und Hoffnungen gemeinsam auf eine endlose Reise
egal, wie weit sie waren, sie liefen,
ohne müde zu werden,
weiter ihres Weges, überholten immer wieder die Zeit,
veränderten ihre Gestalt, aber kamen zum Schluss
doch erschöpft in unseren Herzen zur Ruhe

du sagtest immer: "Beweise mir, dass du mich liebst"
Ich habe lange darüber nachgedacht,
und ich werde es tun
Aber ich werde mir nicht das Leben nehmen
Ich werde auch keine Flasche Wein auf einmal austrinken
Ich werde nicht auf einem Brückengeländer balancieren
Und ich werde auch keine alten Liebesbriefe verbrennen
Aber ich werde mit Dir meine Lieblingshaselnüsse teilen

der Tag fängt an
ich schaue mit meinem Dreitagebart in meinen
          Zauberspiegel
zwitschernde Vögel tanzen von einem Ast zum
          anderen
die Schneeglöcken schauen in das Gesicht von
          Mutter Erde
die Spitzmaus springt aus dem Blumenbeet heraus
der Wind streift die Gesichter der Narzissen
eine Hummel summt um die Rosen herum
und ich
ich denke: mir geht es gut

Schneeflocken zerreißen die kalte Luft
und fallen müde vom schneeweißen Himmel
in den Tag hinein

erschöpft liege ich mit
meinem Schatz im Bett
Es riecht nach Rotwein des vergangenen Abends

im Radio läuft Teresa Berganza
und sie singt "Anda joleo" von Lorca:
"Anda jaleo, jaleo:
ya se acabó el alboroto
y vamos al tiroteo"
der Winter ist angekommen
es wird Zeit,
sich zu verabschieden

ein Baby wird geboren
ich dichte
das Baby wird zum Kind
ich dichte
ein Kind hält den Stift
ich dichte
das Kind wird zum Mann
ich dichte
ein Mann hält die Waffe
ich dichte
der Mann wird zum Soldat
ich dichte
ein Krieg beginnt
ich dichte
der Krieg geht zu Ende
ich dichte
ein Baby wird geboren
und ich sterbe

noch ein Tag ist vergangen
die Welt da draußen sieht
noch gruseliger aus
machtgierige Menschen zerstören
alles, was schön ist,
während ich mich zurückziehe
und darüber nachdenke,
ob ich alles ertragen soll
ich verbiete mir: zu denken
zu lesen, zu sehen,
zu lachen und zu schreiben
aber das funktioniert nicht

denn kein Verbot löscht den Durst
nach der Freiheit

im Besitz meiner Gedanken
will ich mit ein paar Worten meinen Zustand spiegeln
doch die passenden
zu finden, ist unmöglich
I must go word shopping

ich stehe im Schatten des Mondes
die Sonne bedeckt mit seinem Schein dein Gesicht
und dahinter
fehlen mir
die Worte

bis jetzt hast Du viel gesprochen
und alles erzählt, was du erlebt hast
ja, jetzt kenne ich Dich sehr gut,
und trotzdem hänge ich immer noch
an deinen Lippen

Sucht hat auch seine guten Seiten:
Zuhören kann nicht Jeder

manchmal, wenn ich nachdenke,
werde ich traurig
doch es ist, wie es ist
aber manchmal, wenn ich nachdenke,
werde ich auch glücklich
denn die Vokale fallen dann
wie Regentropfen einer nach dem anderen
auf ein weißes Blatt Papier
ich lese und schwimme wie ein Fisch
im Meer der Worte
dann wiederum wachse ich und fühle mich
wie ein Baum, der, ohne darüber nachzudenken,
Kohlendioxid aufnimmt und Sauerstoff abgibt,
und ich ergebe mich dem Kreislauf
der Gedankenspirale

wir lagen im Bett
dein Kopf auf meiner Schulter
dein Atem an meinem Hals
deine Hände auf meiner Brust
meine linke Hand kraulte deinen Kopf
Die Sonnenstrahlen bedeckten unsere Körper
es war sehr heiß
doch dann wachte ich auf

ich war hin und weg
und wusste nicht mehr
wie lange ich den Strand entlang gegangen bin
jeder Ort
jedes einzelne Sandkorn
jede einzelne Welle
jeder einzelne Sonnenstrahl,
der je auf die Steine schien,
wurde von unzähligen Menschen
millionenfach fotografiert
ich war hin und weg,
und wieder fotografierte ich,
was keiner von denen zuvor fotografierte:
Dich, mein Schatz

mit Wassermelone und Schafskäse
auf dem Tisch genieße ich den Sommer
Wespen sind eingeladen
mein Zustand ist romantisch

Tag und Nacht
vier Jahreszeiten lang
an guten und schlechten Tagen
denke ich an dich
manchmal bist du gemein zu mir
und ich trage deine Last
manchmal bist du sehr gut zu mir
und ich möchte, dass die Zeit für immer stehen bleibt
manchmal forderst du zu viel
und ich weiß nicht, woher ich die Kraft nehmen soll
manchmal lässt du mich einfach
so sein, wie ich bin
manchmal gibst du mir zu viele Geschenke
und manchmal auch gar keine
aber egal, wie es zwischen uns läuft:
ich bin süchtig nach dir, mein Leben

wir hatten viele gemeinsame Interessen
und haben viel Zeit
miteinander verbracht
wir haben
den Weinkeller in neunundneunzig
Tagen entleert und haben uns vielseitig geliebt
nach neunundneunzig Tagen hat irgendetwas
zwischen uns nicht mehr funktioniert
wir konnten nicht herausfinden
was es war und haben unsere Wege getrennt
voneinander fortgesetzt
erst seit ein paar Wochen weiß ich
dass eine von den vielen verschiedenen Weinsorten
im Weinkeller an der Trennung Schuld war

Ich trinke seitdem nur noch Vodka

wir standen nebeneinander
waren müde und hoffnungslos
du hast das Meer angeschaut
und ich den Regen
dann hast du eine Raupe gesehen
und ich einen Schmetterling

das Leben endet nie

meine Schritte richten sich
nach dem Rhythmus meines Herzens
mein Herz nach dem
meiner Gedanken
meine Gedanken nach dem
des Lebens
und wenn es so weit ist,
dass mein Leben sich dem Tod ergibt,
werde ich mit meinen Schritten meinem Herzen,
meinen Gedanken und mit meinem Leben
den Tod Willkommen heißen

doch der Tod soll noch warten,
denn die Liebe zu leben: ist viel schöner

wenn Du heute nicht lieben kannst,
wie sollst Du dann morgen leben

in deiner Abwesenheit
steigen bei jedem Schluck Wein
die Erinnerungen an unsere Gemeinsamkeiten
ich erstelle Collagen
und lasse kitschige Worte
auf den Linien des Blattes balancieren

ich kann nichts dafür,
wenn die Liebe macht, was sie will

du hast Kummer
du sortierst deine Gedanken
du hast Fragen
du machst Dich auf den Weg, Antworten zu finden
du hast Tränen in deinen Augen
du lässt sie fließen
du bist neugierig
du wanderst von einem Ort zum anderen
du hast Sehnsucht nach Liebe
du lässt Dein Herz zu deinem Lieblingslied tanzen
wie schön, dass Du dein(e) beste(r) Freund(in) bist

ein Stück Wolkenbank
mit ein paar Tonnen Tränen im Gepäck
verabschiedet sich
vom Himmel
in der Hoffnung, gereinigt und sorgenfrei
zu ihm zurückzukehren

wenn der Regen aufhört
und dann die Sonne scheint
wenn die Stunden vergehen
und es dann Abend wird
wenn ich an dich denke
und Du dann vor mir stehst
wenn der Stift das Papier berührt
und dann ein neues Gedicht entsteht...
wer weiß, wer es dann liest

mein Herz klopft
meine Beine zittern
meine Augen sind bewegungslos
mein trockener Mund sehnt sich nach kaltem Wasser
und die Schweißperlen rinnen meine Stirn hinab

manche Wörter im Gedächnis benötigen viel Platz,
und sie in sich zu tragen, ist nicht immer einfach

kurz vor dem Morgen wenn
Du von mir gehst
kann ich nicht schlafen
ich denke daran, wie ich ohne Dich
den ersten Abend und
die Tage danach verbringen werde

stark zu sein, hilft dem Menschen nicht immer

ich weiß
meine Schuhe passen nicht
zu meiner Hose
genausowenig wie mein Hemd
zu meiner Jacke
ich weiß
der Wein passt nicht
zu meinem Essen
genausowenig wie der Tisch
zu meinen Stühlen
aber ich weiß
ich passe trotz alledem dazu

genauso wie Du

du warst gestern bei mir
die Gardinen waren aufgezogen
das Sonnenlicht streifte dein zartes Gesicht
eine Fliege tanzte um uns herum
der Fernseher rauschte leise im Hintergrund

du warst gestern bei mir
doch ich war einsam

ich wollte Dich nicht wecken

ein Kind sucht ein Eis aus
ein Mann fotografiert seine Frau
ein Hund trinkt sein Wasser
die Kellnerin trägt zwei Gläser Bier auf einem
Tablett

und der blaue Himmel genießt die Sonne
so wie ich deine Anwesenheit
im BLAUEN SEESTERN
bei spanischer Musik
und einem Glas Rotwein genieße

deine Berge sind meine Kindheit
und dein Bier meine Pubertät
deine Höflichkeit ist mein Traum
und dein Himmel meine Hoffnung
ich ging durch deine Straßen und hörte deine
Geschichten

sag mir, Bayern,
wie soll ich jetzt schlafen,
wenn ich solche Sehnsucht nach Dir verspüre

die Sekunden
die Minuten
die Stunden
und die Tage vergehen
ich denke an Dich: also bist Du

der Frühling ist pünktlich
der Vogelschwarm ist pünktlich
der Zug ist pünklich
das Krähen des Hahnes ist pünktlich
der Lieferservice ist pünktlich
aber warum braucht das Echo meiner inneren
Stimme solange

der Zettel wartet auf seine Mahlzeit

es ist dreiundzwanzig Uhr
ich kann nicht schlafen
nicht schreiben
nicht denken
meine Gedankenfaszien sind verklebt
ich brauche deine Hände

gestern hab ich beim Sonnenschein
an Dich gedacht, ein paar Wörter ins Leben gerufen
und ihnen ein langes Leben gewünscht
aber das war gestern,
und ich konnte nicht in die Zukunft sehen
doch heute
gedenke ich ihrer

das Licht ist aus
und ich liege schon
seit zweistundeneinundzwanzigminuten
unddreiunddreißigsekunden im Bett
die Sterne leuchten
ich höre ihre Geschichten
und will dabei einschlafen
aber ich kann es nicht
mein gedankenüberfüllter Kopf lässt
das Kopfkissen zerplatzen

welcher Stern nur zeigt mir
den Ausschalter meiner Kognition

es ist Mitternacht
ich liege in meiner Blumenbettwäsche
Alpträume verfolgen mich
ich bin entwaffnet
meine Zettel, meine Stifte
und meine Hoffnungen sind jenseits des Lebens
Blumenduft steigt mir in die Nase
Ich will aufwachen

du hast einen sehr guten Geschmack
mein Schatz
du siehst immer
den schönsten Baum
die schönste Blume
und den schönsten Ort

bitte sieh mich an

alle Buchstaben sind einzigartig
und tragen ein Herz in sich
sie leben, kennen Liebe, Sehnsucht und Tränen

ohne die anderen jedoch vereinsamen sie;
aber halten sie zusammen,
bringen sie Dich zum Lachen,
zum Weinen, zum Nachdenken –
oder geradeaus zum Kämpfen

Inhalt

Haydar Karaldi
WORTaholic
Gedichte

Der Autor

Haydar Karaldi, geb. 1975 in Dersim, ist ein in
Schleswig-Holstein lebender Autor, der im Jahr 2020
sein Lyrikdebüt "Krieg und die Liebe" veröffentlichte
und mit diversen Einzelveröffentlichungen
auf Onlineportalen
und in seinen Social Media-Kanälen auftritt.